COMPLETE ORGAN SYMPHONIES

Series II

Charles-Marie Widor

DOVER PUBLICATIONS, INC.
NEW YORK

Published in Canada by General Publishing Company, Ltd.,
30 Lesmill Road, Don Mills, Toronto, Ontario.

This Dover edition, first published in 1991,
is a republication of a portion of *Symphonies, Op. 13 et 42, pour Orgue*,
originally published by Maison J. Maho and J. Hamelle, Paris, n.d.;
Symphonie gothique für Orgel, opus 70, B. Schott's Söhne, Mainz, 1895;
and *Symphonies pour Orgue: Op. 73—Romane*,
J. Hamelle & Cⁱᵉ, Paris, 1900.
The foreword to the *Symphonie Romane* has been newly translated,
and a glossary of French terms has been added.

Manufactured in the United States of America
Dover Publications, Inc.
31 East 2nd Street
Mineola, N.Y. 11501

Library of Congress Cataloging-in-Publication Data

Widor, Charles Marie, 1844–1937.
[Symphonies, organ]
Complete organ symphonies / Charles-Marie Widor.
p. of music.
Reprints of works originally published 1880?–1900.
Includes prefaces by the composer with English translations.
ISBN 0-486-26691-5 (vol. 1). — ISBN 0-486-26692-3 (vol. 2)
1. Symphonies (Organ)
M8.W68D7   1991   90-754754
CIP
M

Contents

Glossary of French Terms

accouplé(e), accouplés, coupled

ajoutez, add

alternativement, alternatively

anches, reeds

au(x), to the

clavier, manual

de, of, from

du, of the, from the

et, and

fonds, flue stops

G, grand orgue, great

Grand Orgue, great

la, the

laquelle, which

le(s), the

montre(s), principal(s)

P, Positif, choir

peu à peu, gradually

Positif, choir

preparé(e), preparés, prepared

prestant, principal

R, Récit, swell

Récit, swell

reste, remains

sans, without

seule, alone

supprimez, remove

sur, with

tous, all

SYMPHONY NO. 6 IN G MINOR
OP. 42, NO. 2
I.

Grand-orgue, Positif, Récit, Pédale accouplés.

Allegro. (♩ = 120)

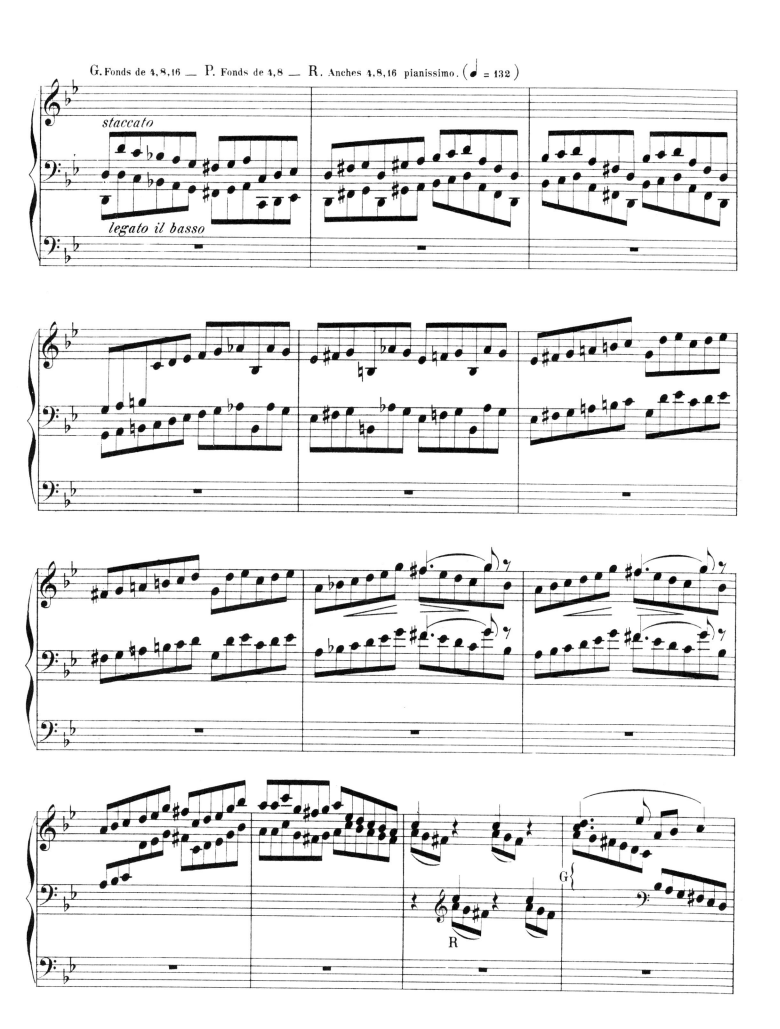

Ped.(Fonds) solo.

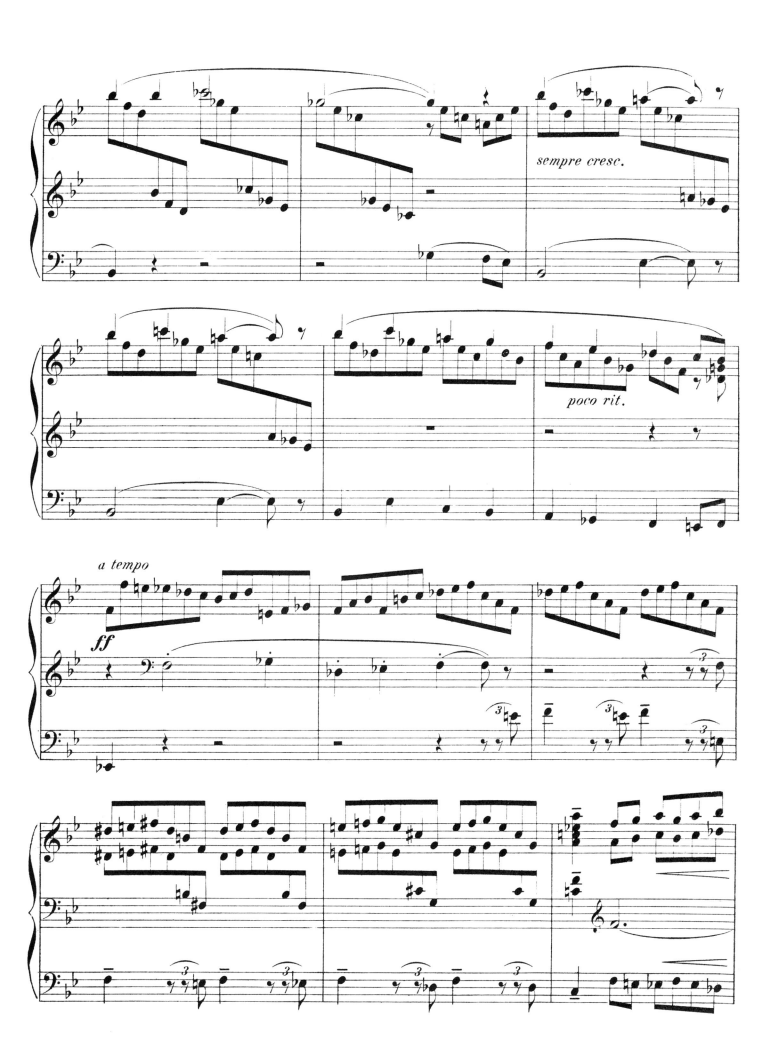

II.

Gambes et voix célestes.

III. Intermezzo

GPR. Anches et cornets de 4 et de 8. — Ped. Fonds 8, 16 accouplés aux Claviers.

Allegro. (♩ = 126)

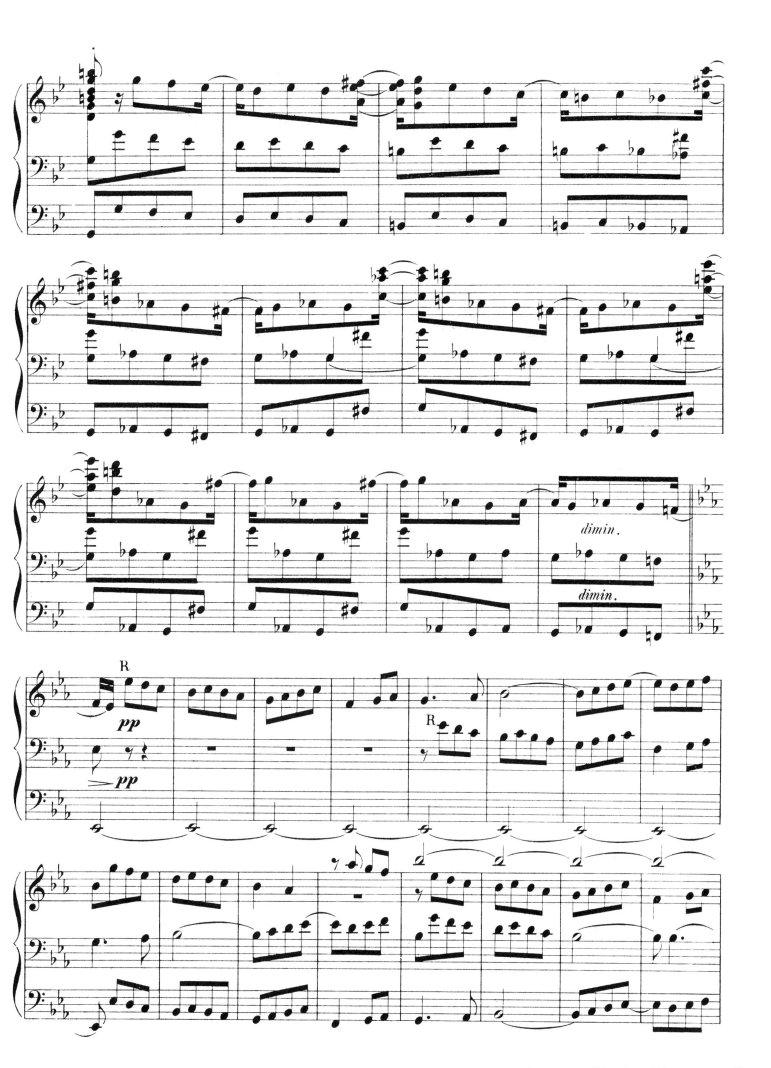

IV.

G. Flute 8. — R. Hautbois. — P. Montres 8 et 16 et prestant. — Péd. Basses 8 et 16.

V. Finale

GPR. Anches 4,8,16.—Ped. Anches 8,16,32.

Vivace. ($\char"2A = 92$)

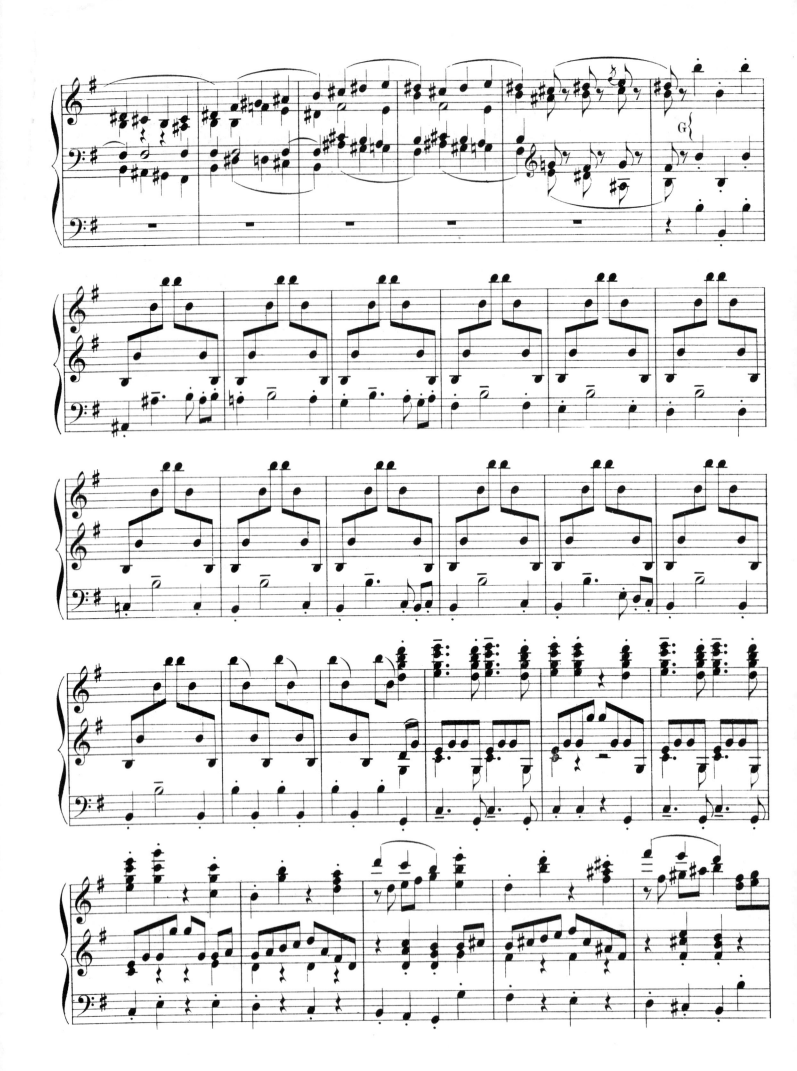

SYMPHONY NO. 7 IN A MINOR
OP. 42, NO. 3
I.

Grand-orgue, Positif, Récit, Pédale: Fonds et Anches 4, 8, 16 etc:

II. Choral

G Fonds de 8 et de 16 _ P Voix céleste _ R Flutes 4 et 8 _ Ped. Basse de 16.

III.

G Flute de 8 — P Flute de 8 — R Clarinette — Ped. Basses de 8 et de 16.

Tempo I.

IV.

G Gambes et Flutes de 8 _ P Gambes et Flutes de 8 _ R Voix célestes _ Ped. Basses de 8 et de 16.

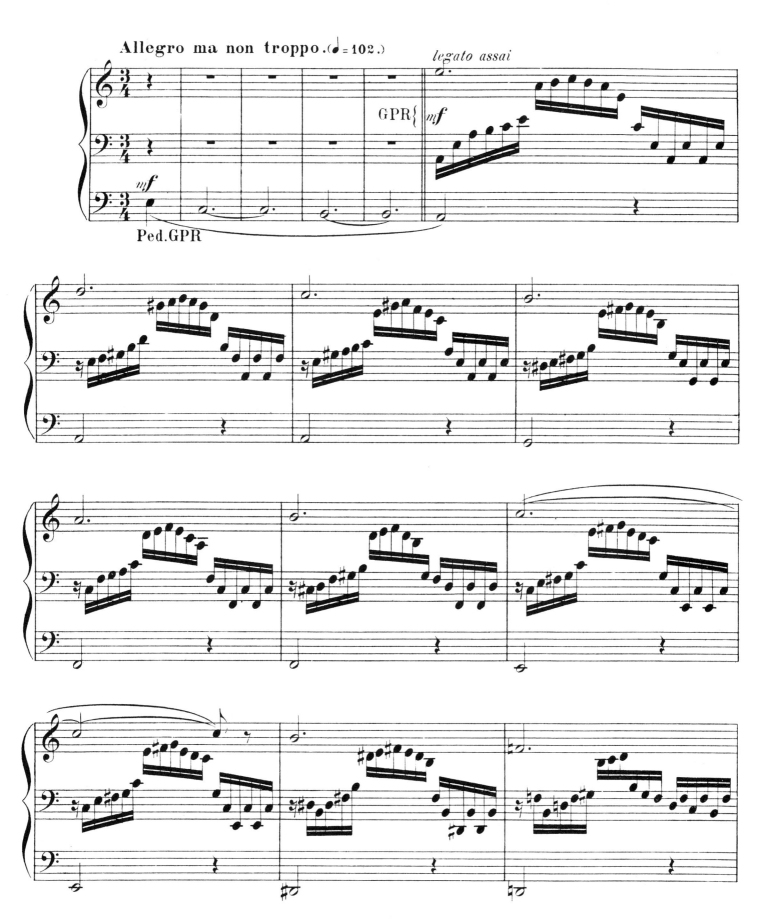

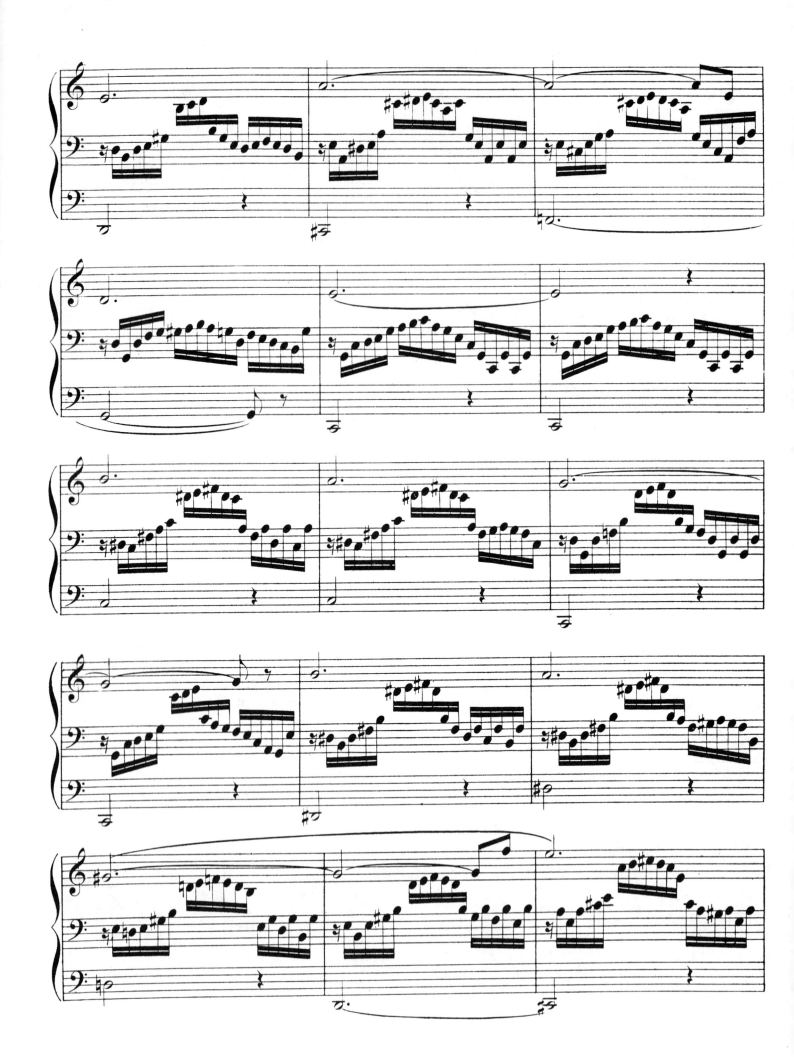

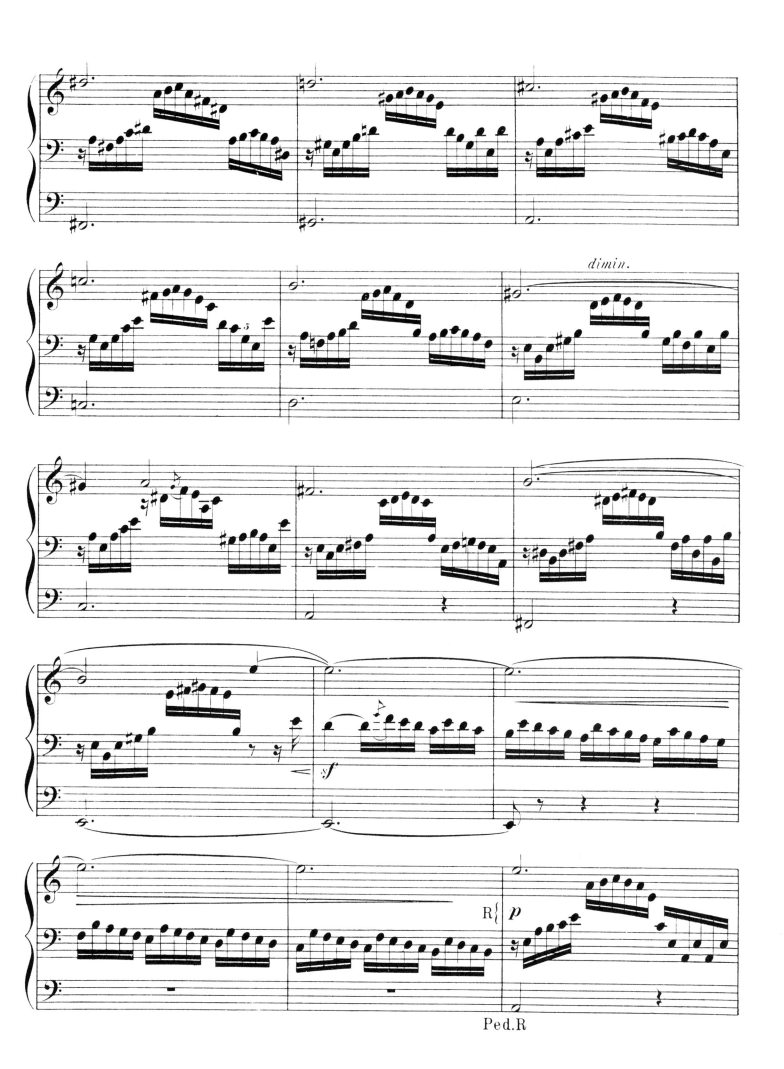

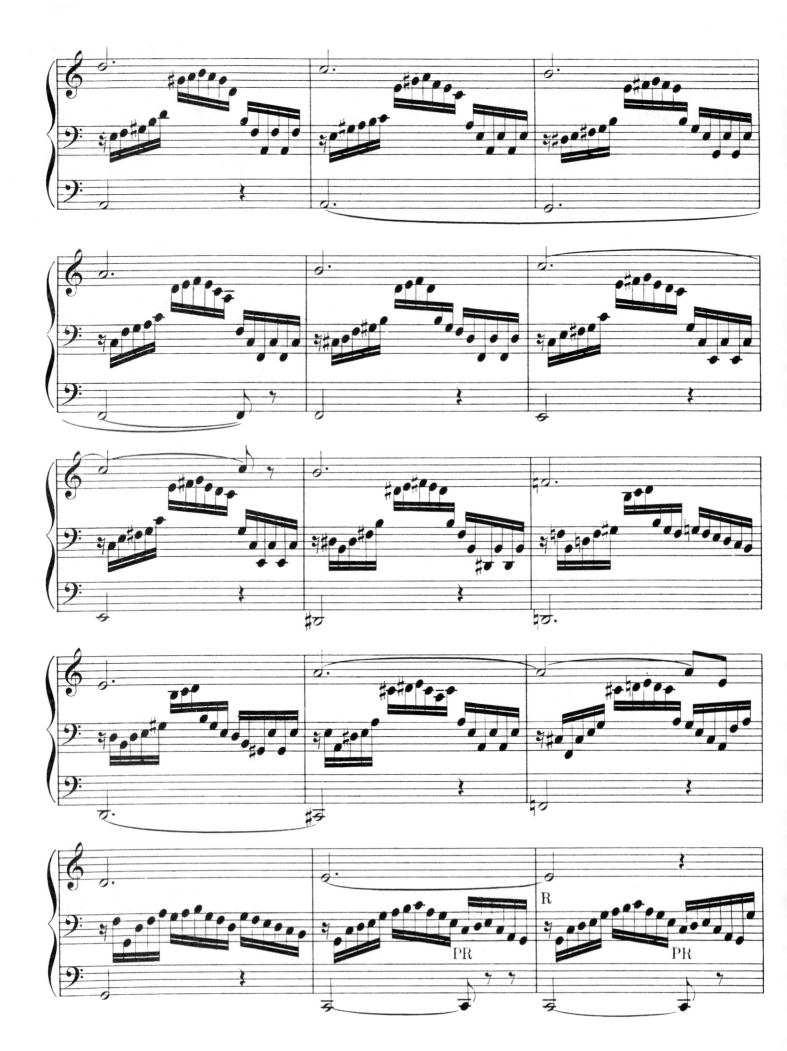

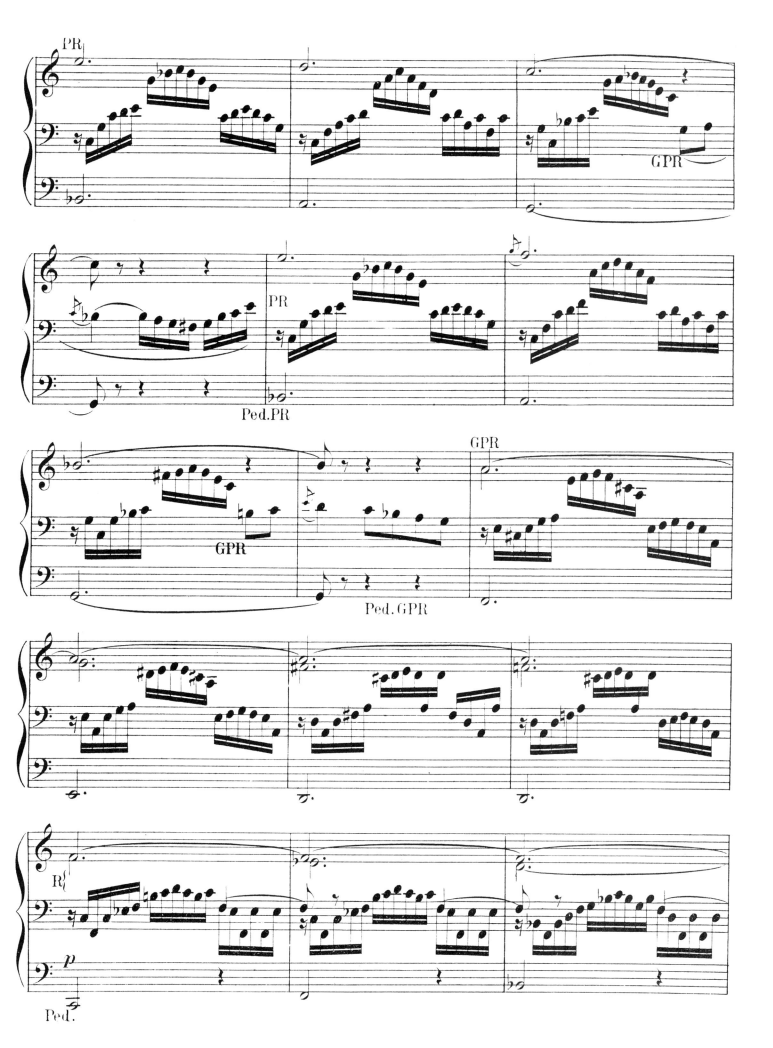

V.

G Fonds de 4.8.16. _ P Gambes et Flutes de 8 _ R Voix Humaine _ Ped. Basses de 8 et de 16.

VI. Finale

SYMPHONY NO. 8 IN B MAJOR
OP. 42, NO. 4
I.

Grand-orgue: Fonds 4,8,16- Positif: Fonds de 4 et de 8- Recit: Fonds et Anches 4,8,16- Pedale: Basses de 4,8,16,32.

II.

G. Flute de 8 – P. Flutes 4 et 8 – R. Voix céleste – Ped. Bourdon de 8 et de 16.

Moderato cantabile. (♩ = 70.)

III.

G. Prestant de 4, Flute et Montre de 8 – P. Flute et Salicional de 8 – R. octavin de 2, Flute de 4, Bourdon
de 8 et Hautbois – Anches de 4 et de 8 prepares aux claviers – Ped. Basses de 8 et de 16.

IV. Prélude

G.P.R: Fonds de 4,8,16 — Ped. Fonds de 4,8,16,32 — tous les claviers accouplés au Grand-orgue.

V. Variations

G. Fonds 4, 8, 16 ___ P. Fonds 4 et 8 ___ R. Fonds et Anches 4, 8, 16 ___ Ped. Fonds 4, 8, 16, 32.

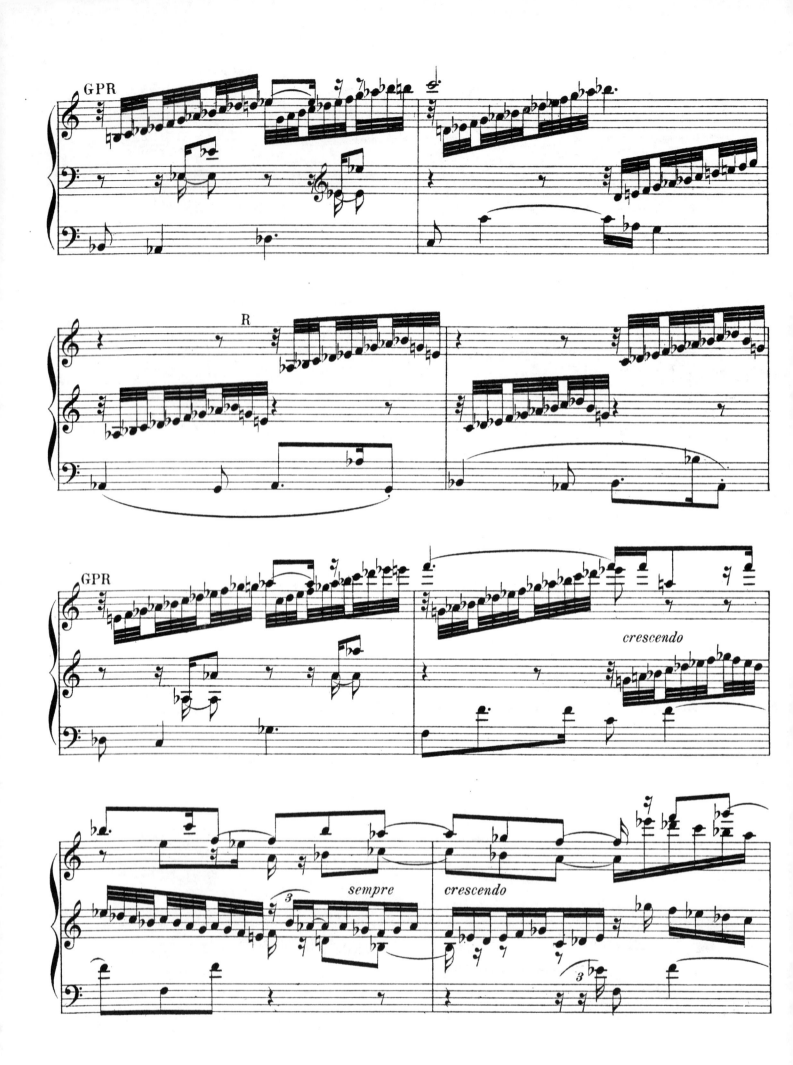

Tempo I.

dimin.

supprimez peu à peu les Anches de la **Pédale**, du

Grand_orgue et du Positif.

VI. Adagio

G: Fonds de 8 — P: Fonds de 8 — R: Flutes, Gambes et Voix célestes de 8(Trompette préparée) Ped: Basses de 8, Soubasse de 16.

VII. Finale

Fonds et Anches de 4. 8 et 16 – Tous le Claviers et la **Pédale** accouplés au **Grand-orgue.**

Tempo giusto. (♩=96)

SYMPHONIE GOTHIQUE
OP. 70
I.

G fonds 4, 8, 16 _ P fonds 4, 8, 16 _ R anches 4, 8, 16 _ Ped fonds 4, 8, 16, 32.

(fff = tutti.)

II.

G flute 8 _ **P** fonds 8 _ **R** Gambe 8 _ **Ped** flute 8.

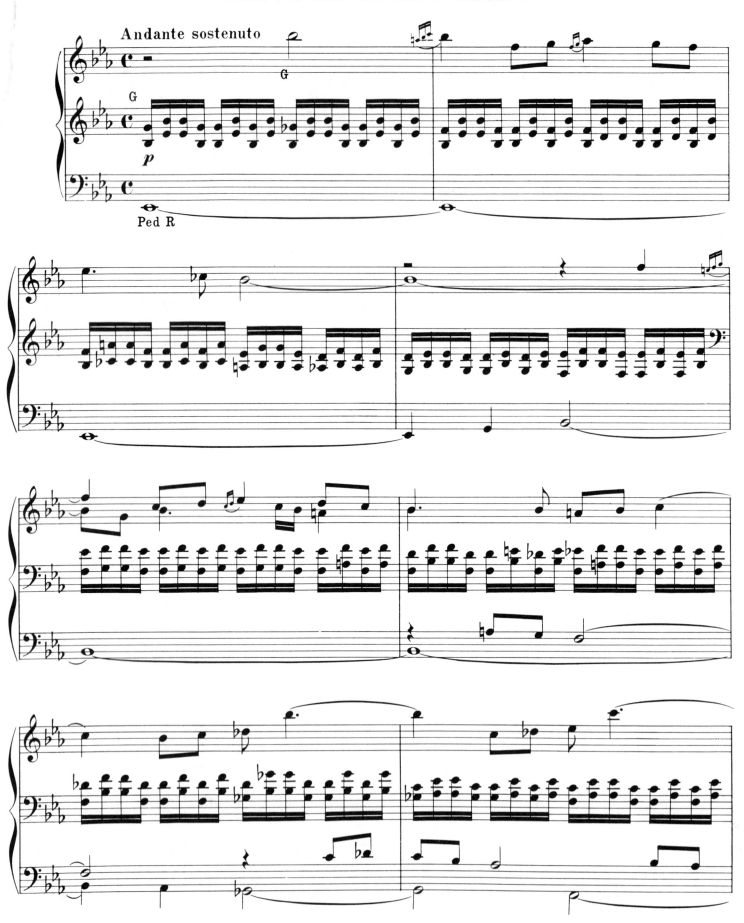

III.

G, P, R Cornets et mixtures. **Ped**. fonds 4, 8, 16.

IV.

G flute 8 _ **P** clarinette _ **R** flute 4, bourdon 16 _ **Ped.** fonds 8.

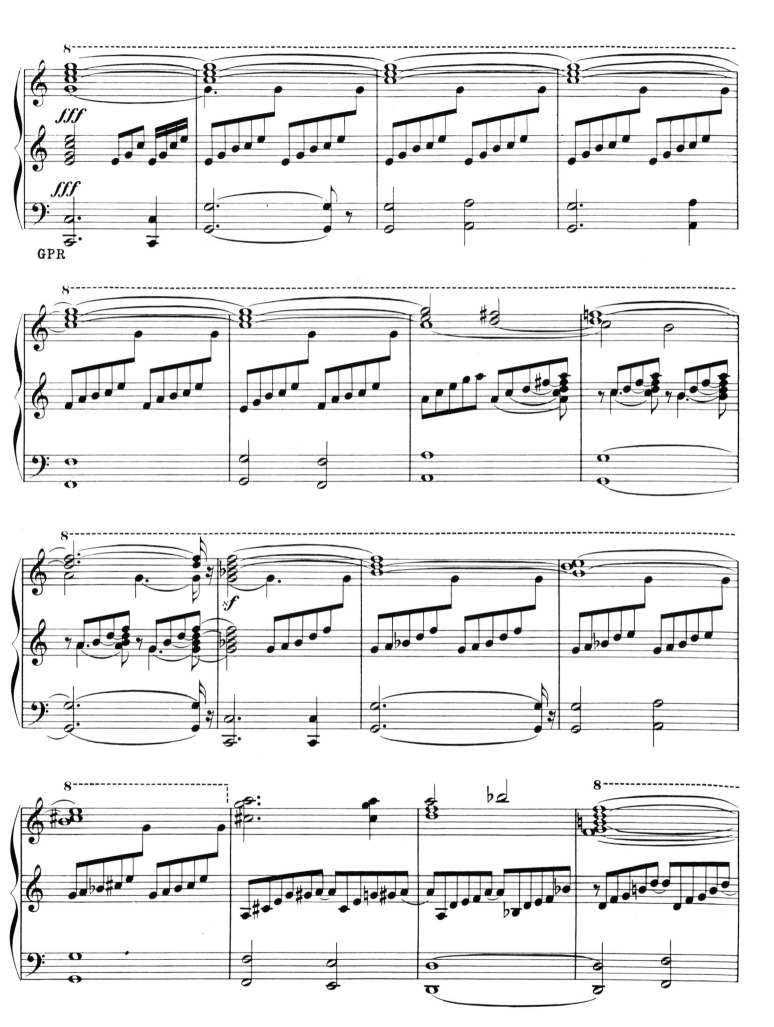

Avant-Propos

La "Symphonie Gothique" a pour sujet le *Puer natus est* de Noël; celle-ci, l'*Hæc dies* de Pâques.

Ainsi que la plupart des cantilènes destinées au "Petit-Chœur," c'est-a-dire à un groupe de quatre ou cinq voix, le *Puer natus est*, de lignes très pures, de solide construction, se prête on ne peut mieux au développement polyphonique; c'est un excellent sujet à traiter.

Tout autre est l'*Hæc dies*, élégante arabesque ornant un texte de quelques mots—environ dix notes par syllabe—vocalise insaisissable, comme un chant d'oiseau, sorte de point-d'orgue conçu pour un virtuose libre de contrainte.

Pour imposer à l'attention de l'auditeur un thème aussi fluide, un seul moyen: c'est de le répéter sans cesse.

Telle est la raison de ce premier morceau de la "Symphonie Romane," lequel, sacrifiant tout au sujet, ne risque ça et là quelque timide tentative de développement que pour l'abandonner bien vite et se raccrocher aussitôt à l'idée première.

L'indépendance rythmique des chants grégoriens s'accommode mal de l'absolutisme de notre mesure métronomique. Est-il rien de plus délicat que de transcrire en signes modernes les vocalises d'un *Graduel* et d'un *Alleluia*? Alors on en vient aux explications parlées et aux commentaires: *Quasi recitativo, rubato, espressivo, a piacere*, etc.

Peut-être serait-il même opportun, en ce cas, de proposer plusieurs versions d'un même thème pour en mieux faire sentir l'inexprimable souplesse et le caractère de liberté quand même.

Par example:

Foreword

The *Gothic Symphony* has for its subject the Christmas hymn *Puer natus est*; this Symphony, the Easter hymn *Haec dies*.

As with most vocal works intended for the "Petit Chœur"—that is, for a group of four or five voices—the *Puer natus est*, with its very pure lines and solid construction, lends itself ideally to polyphonic development; it is an excellent subject for treatment.

Utterly different is the *Haec dies*, an elegant arabesque embellishing a text of a few words—about ten notes per syllable—a vocalise as elusive as a bird's song, a sort of pedal-point passage conceived for an uninhibited virtuoso.

There is only one way to impress on the listener's memory a theme so fluid: that is to repeat it constantly.

This is the basic principle of the first part of the *Romanesque Symphony*, which, sacrificing everything to the subject, here and there risks a timid attempt at development only to abandon it quickly and immediately resume the original theme.

The rhythmic independence of Gregorian chant ill accords with the absolutism of our metronomic beat. Is there anything more ticklish than transcribing into modern notation the vocalises of a Gradual or an Alleluia? One is reduced to verbal explanations and comments: *quasi recitativo, rubato, espressivo, a piacere*, etc.

Nevertheless, it might be advisable in this case to suggest various versions of a single theme, in order to make more evident this inexpressible suppleness and free character.

For example:

Il ne s'agit ici, bien entendu, que de l'interprétation d'un texte grégorien présenté en *Solo*; tels l'exposition de cette symphonie sous la pédale aigüe de *Fa dièze*, et plus tard le renversement de cette même exposition sur l'*Ut dièze* à la basse. Point n'est besoin d'ajouter que, lorsque ce thème est pris dans le réseau symphonique et devient partie intégrante de la polyphonie, on doit l'exécuter strictement en mesuré sans atténuation d'aucune sorte, avec calme et grandeur. Alors il n'est plus libre: il est devenu la propriété du compositeur qui l'a choisi.

Ch. M. Widor.

This applies, of course, only to the interpretation of a Gregorian theme presented as a *solo*; such is the theme statement, in this symphony, under the high F♯ pedal tone, and later the inversion of this same theme over the bass C♯. It is unnecessary to add that when this theme occurs in the symphonic texture and becomes an integral part of the polyphony it should be executed in strict time without rubato of any kind, calmly and grandly. In such passages it is no longer free: it has become the property of the composer who chose it.

CHARLES-MARIE WIDOR

SYMPHONIE ROMANE
OP. 73
I.

G.P.R. fonds et mixtures 2,4,8.__Ped. fonds 4,8,16.

II. Choral

G. flûte 8 __ P. fonds 8. __ R. flûtes 4,8 __ Ped. fonds 8.

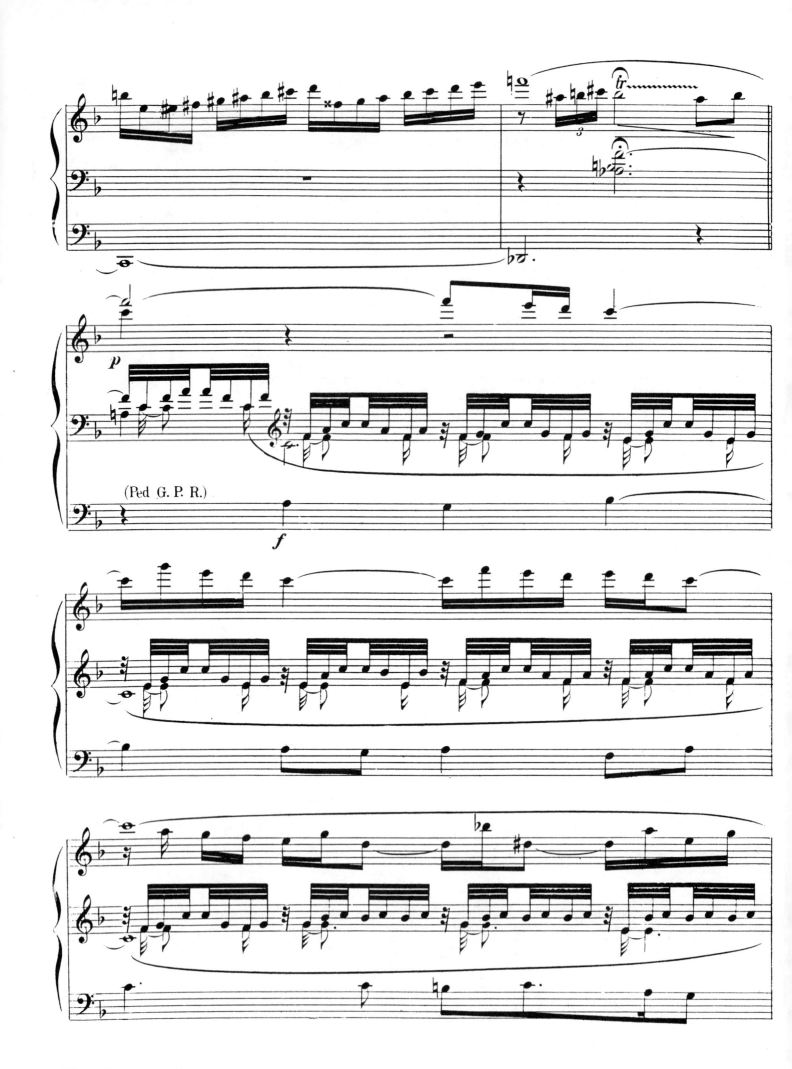

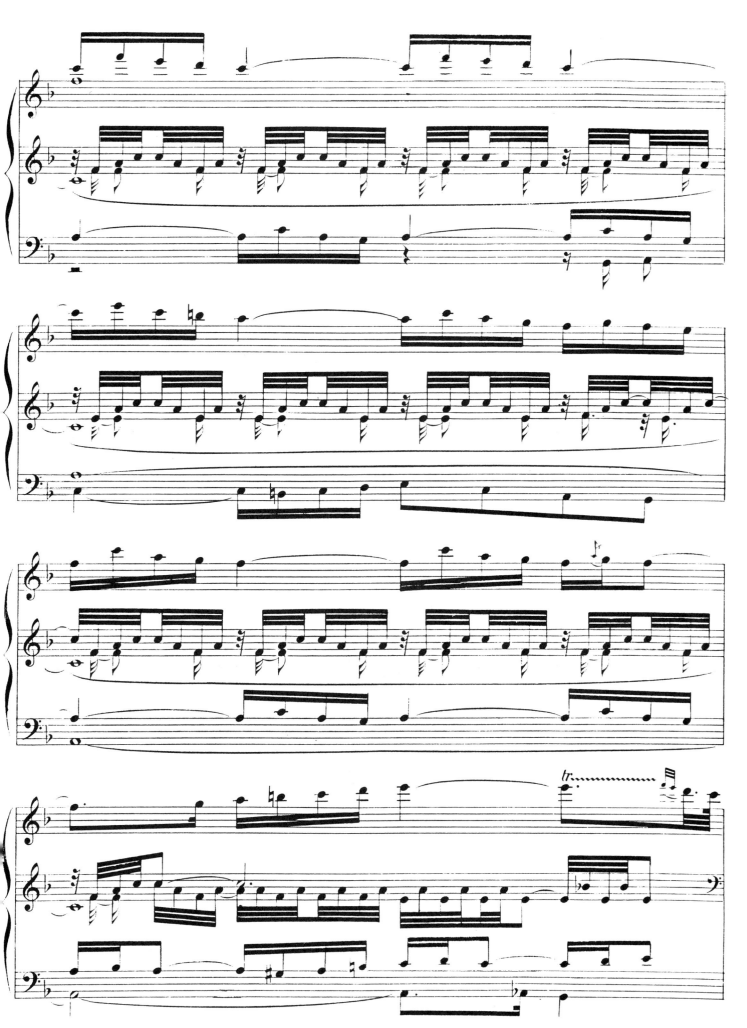

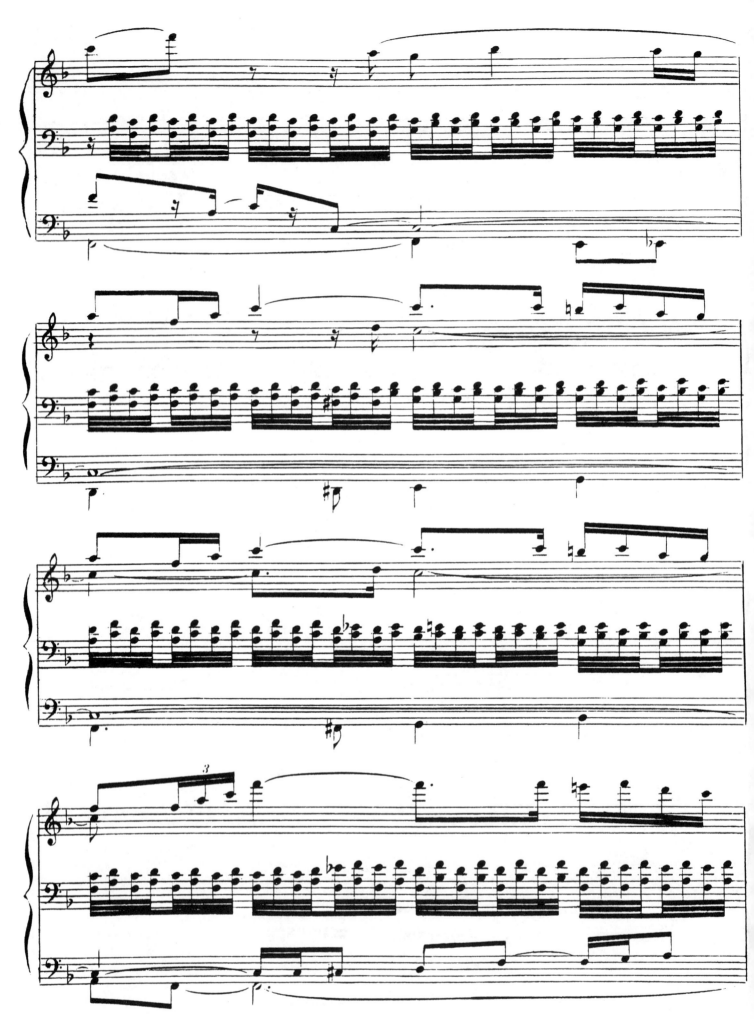

Poco a poco ritenuto.

III. Cantilène

G. fonds 8, prestant. _P. fonds 8. _R. clarinette. _Ped. 8,16.

IV. Final